Gütersloher Taschenbücher/Siebenstern 1101

Von Janusz Korczak sind im Gütersloher Verlagshaus Gerd Mohn bereits erschienen:

Von Kindern und anderen Vorbildern
Mit einem Vorwort von Peter Härtling und einer Einleitung von Erich Dauzenroth und Adolf Hampel
GTB · Siebenstern 1084, 140 S.

Verteidigt die Kinder!
GTB · Siebenstern 1020, 143 S., 3. Auflage.

Allein mit Gott
Gebete eines Menschen der nicht betet
GTB · Siebenstern 1004, 88 S., 3. Auflage

Die Kinder der Bibel
Aus dem Hebräischen übersetzt von Shoshana Sachs. Mit einem Nachwort von Erich Dauzenroth und Adolf Hampel
GTB · Siebenstern 1044, 78 S., 2. Auflage.

Die Biografie:
Erich Dauzenroth
Ein Leben für Kinder
Janusz Korczak, Leben und Werk
GTB · Siebenstern 1042, 94 S., 2. Auflage

Janusz Korczak

Der kleine Prophet

Eingeleitet und herausgegeben
von Erich Dauzenroth

Aus dem Polnischen übersetzt
von Staś Nowak

Mit Zeichnungen
von Meir Faszynk

Gütersloher Verlagshaus
Gerd Mohn

Deutsche Erstausgabe

Titel der Originalausgabe: TRZY WYPRAWY HERSZKA
Erschienen in der »Palästina Bibliothek für Kinder«, Verlag »Judaica«, Warschau, 1939

CIP-Titelaufnahme der Deutschen Bibliothek

Korczak, Janusz:
Der kleine Prophet / Janusz Korczak. Eingel. u. hrsg. von Erich Dauzenroth. Aus d. Poln. übers. von Staś Nowak. Mit Zeichn. von Meir Faszynk. – Dt. Erstausg. – Gütersloh:
Gütersloher Verl.-Haus Mohn, 1988
(Gütersloher Taschenbücher Siebenstern; 1101)
Einheitssacht.: Trzy wybrawy herszka ⟨dt.⟩
ISBN 3-579-01101-4
NE: GT
Vw: Goldszmit, Henryk [Wirkl. Name] → Korczak, Janusz

ISBN 3-579-01101-4

Umschlagentwurf: Dieter Rehder, Aachen, unter Verwendung einer Zeichnung von Paola Piglia, New York (USA).
Gesamtherstellung: Clausen & Bosse, Leck
Printed in Germany

Einleitung

Hirsh, Herschek, Henryk ...

1939 erschien in der »Palästina Bibliothek für Kinder«, Verlag »Judaica« in Warschau, Korczaks Erzählung »Trzy Wyprawy Herszka«, die wir unter dem Titel »Der kleine Prophet« 50 Jahre später erstmals deutsch veröffentlichen. Mein Freund Leon *Harari*, ein Kind der Warschauer Altstadt, der »Starówka«, heute im Kibbuz Maale Hachamisha lebend, schrieb dazu:

»Lieber Erich, Du hast mich gebeten, des Doktors Buch ›Die drei Reisen Herscheks‹ zu vermitteln ... Ich muß Dir die Wahrheit sagen: Jahre habe ich über diese Erzählung nicht nachgedacht. Den Inhalt habe ich nicht vergessen in all den Jahren, seit wir Leser der »Kleinen Rundschau« sie von Doktor Korczak bekommen haben. Ich bin hier in Israel, im Land der Träume Herscheks (er hat es nicht erreicht). Ich fühle und sehe, wie die Buchstaben Alef, Beth, Gimel, welche Herschek im Fieber sah, zu Dir fliehen, sich ordnen und von den eineinhalb Millionen jüdischen Kindern erzählen, welche in Not und Armut lebten, welche verschluckt, vertilgt wurden. Wer über Janusz Korczak schreibt, über den Doktor nachdenkt, weiß, daß Herschek/Hirsh »Henryk« ist: Henryk Goldszmit. Die Buchstaben fliehen aus dem Land Israel, sie ordnen sich und verkünden die Botschaft unseres Doktor Korczak ...«

Der vorliegende Text muß auch im Zusammenhang mit der »Palästina-Literatur« gesehen werden, die in den dreißiger Jahren wirkungsvoll für die Immigration nach Eretz Israel warb. Mit Unterstützung der Hechaluz-Bewegung (Sitz in Warschau) und des Jüdischen Nationalfonds (Keren Kajemeth Leisrael) wurde die »Hachscharah« (Vorbereitung, Erziehung) durch Literatur, maßgeblich durch Jugendliteratur, gefördert. In der »20 Groschen-Reihe« der zionistischen, polnisch schreibenden Warschauer Zeitung »Unsere Rundschau«, zu der Korczaks »Kleine Rundschau« seit 1926 gehörte, erschien als Nummer neun die Geschichte von *Herschek*.

Im 40. Jahr der Gründung des Staates Israel

Giessen, im Frühjahr 1988 *Erich Dauzenroth*

Sie fragen:
– was hat er dort gemacht? – war er allein – allein hinter der Brücke?
Und der Bauer antwortet:
– Ich sags Euch. Der Knabe lag neben dem Weg. Er lag im Feld hinter der Brücke, hinter den Bauernhütten, auf dem Weg zum Wald. – Ich fahre in die Stadt auf den Markt. Ich weiß nicht. Aber ich sehe, daß ein Kind da liegt. Ich frage, es versteht nicht, es murmelt zu sich. – Krank oder dumm oder was? – Also nehme ich ihn auf den Wagen. Und auf dem Markt hat man gemerkt, daß er von hier ist.
– Ich hab ihn erkannt, – sagt Symcha. Als erster hab ich ihn erkannt.
– Also, nehmt ihn jetzt, weil er zu Euch gehört. Ich habe jetzt keine Zeit.
Und Herschek liegt auf dem Wagen. Er hört und weiß nichts – er schaut auf den Wagen und auf den Bauer. Schaut auf Sara, auf Chana. Schaut auf Symcha und auf Abram. Schaut auf die kleine Malka und auf die Jungen, die sich neben dem Wagen versammelt hatten.
Er wischt mit der Hand über Nase und Augen. Fragt: Wo ist mein Schwert? Bittet: Trinken, trinken.

Schon rennt Chana nach Wasser, und die reiche Sara sagte langsam: – Ich gebe ihm Milch. Er hat Fieber. Krank. – Das sind die Masern, sagte Ester. – Vielleicht ja, vielleicht nein, sagt der graue Abram.

Abends hat Herschek schon rote Pusteln; Ester ist zufrieden.

– Hab ichs nicht gesagt? – Masern. – Ich kenne das. – Er wird gesund.

*

Das war vor langer Zeit. Nicht so lang. Hundert Jahre. Etwas mehr. Hundertzwanzig Jahre?

Es war eine kleine Stadt. Niedrige Häuser, große Höfe und Gärten. Bauernhütten. Später haben sie aus Stein gebaut, nach dem großen Brand, als es zum zweiten Mal gebrannt hat.

Der alte Abram erinnert sich.

Vor dem großen Feuer war Krieg, dann kam die Pest. Reiche waren auch krank, Reiche starben auch.

Der graue Abram erinnert sich.

Herscheks Mutter starb. Jetzt geht der Vater mit dem Sack auf dem Rücken, geht weit aus der Stadt hinaus und kauft und tauscht. Am Sabbat bringt er was zum Essen nach Hause, was zum Anziehen, manchmal auch Geld, aber selten und wenig.

Vormund von Herschek ist Leib, ein großer Bursche. Sie wohnen unter dem Dach. Im Winter ist es kalt, im Sommer heiß. Sie leben. Waise haben wenig.

Herschek liegt ohne Kissen, krank, und fragt: »Wo ist mein Schwert?« Und er hustet, und er bittet: »Trinken.«

So endet seine Reise nach Palästina, sein erster Weg in die Welt. – Das ist eine lange Geschichte. – Er war klein.

*

Leib und Herschek liegen unter dem Dach, liegen ohne Federdecke, ohne Kissen. Helle Nacht. Der Mond scheint. Herschek zeigt mit dem Finger nach dem Mond hinter dem Fenster und fragt:

– Was ist das?

Leib ist nur kurz in den Cheder gegangen. Ein gewöhnlicher Mensch. Niemand hat für Bildung gezahlt, und Leib hatte keine Zeit zum Lernen und keine Lust. – Der Schüler ohne Geld muß still, gehorsam und schnell auffassend sein, und Leib war nicht so.

– Aber er weiß viel, und er kann viel.

Morgens in der Frühe geht er weg zum Verdienen, abends bringt er Brot und Zwiebeln, auch Sabbat – Brot und einen Apfel. –

Und einmal rennt jemand Leib nach und schreit: »Dieb.« Herschek weiß nicht, was das ist, ein Dieb; aber er hatte Angst, wenn er so am Tor steht und sieht, wie Leib davonrennt und hinter ihm ein Mann mit der Peitsche und schreit: »Faßt ihn.«

Leib ist spät nach Hause gekommen, hat sich gleich hingelegt, sagt nichts, nichts hat er zum

Essen mitgebracht. Leib bringt nicht immer was, nicht immer erzählt er, nur wenn er will, erzählt er.

*

Was ist das? – fragt Herschek und zeigt hinter das Fenster. Das war kein Fenster, nur so, ohne Glasscheibe. Hoch am Himmel sieht man den Mond.

Leib sagt:

– Das ist der Mond – weil Gott gesagt hat: »Es soll sein die Erde, es soll sein der Mond in der Nacht und die Sonne am Tag.« Und es geschah so. Was Gott will, das ist. – Gott sagte: »Es sollen sein Pferde und Ziegen, Sonne und Zwiebel.«

– Und das war nicht, dieses alles?

– Du bist dumm. Es war. Du bist klein. Ich sag's dir gleich. Das ist eine lange Geschichte.

Herschek hörte, Leib erklärte.

– Auf dem Hof ist ein Müllhaufen. Nicht wahr?

– Er ist. Wahrheit. Ich weiß: Es ist ein Müllhaufen. – Er ist groß, ein großer Müllhaufen. Und Gott hat dort Erde und Bäume gefunden und einen Hund und Ziegen und einen Menschen und hat Ordnung gemacht und die Welt.

– Ja?

– Ja. Jetzt schlafe!
Aber Herschek schläft nicht. – Herschek kennt den Müllhaufen. Dort sind verschiedene Sachen. Einmal hat er dort ein grünes Glas gefunden, einmal einen großen Stock; eine Maus sah er dort, – dort war eine ganz rote Runkelrübe, Schnur und Draht hat er gefunden, gefunden verschiedene Sachen, aber er weiß nicht, wie das heißt.
Und Gott hat den Adam gerufen und dem Adam befohlen, und Adam sagte: »Das ist eine Kuh, das ist eine Katze, das ist ein Huhn, das ist Brot.« So befahl Gott dem Adam.
Herschek scharrt mit dem großen Stock und sucht den Mond und die Sonne im Müllhaufen, weil auch er Ordnung machen will, weil auch er die Welt erschaffen will.
Leib sagte:
– Es war die Sintflut. Es regnet, es gießt und gießt. Regen und Regen. Wasser und Wasser. Es stürzen vom Himmel Feuer und Stein. – Und Noah hat ein Boot gebaut. – Wenn ich Zeit habe, gehe ich mit dir weit hinter die Stadt. Dort ist ein Fluß und eine Brücke und der Wald, und du wirst ein Boot sehen, aber es ist klein. Noah hat ein großes Boot gebaut, wie ein

Haus. Gott hat es ihm erglaubt. – Und es war ein hoher Berg.
– Was ist das, ein Berg?
– Berg, das ist Berg. Auf dem Hof ist ein Müllhaufen. Du weißt doch? Und ein Berg, das sind Steine, wie hundert Häuser, wie tausend Müllhaufen. – Schlaf jetzt! Ich sag' dir nichts mehr. – Das ist eine lange Geschichte. Still jetzt. Morgen. Schlafe. Herschek liegt ruhig, er schläft aber nicht. – Schade, daß Leib keine Zeit hat. Herschek kennt nur seinen Hof, er hat nichts gesehen, nicht einen Fluß, nicht eine Brücke, kein Boot, keinen Weg nach Palästina.
Leib sagte:
– Pesach, ein wichtiges Fest. Zu Pesach soll man eine neue Mütze haben und Schuhe. – Denn Moses geht, geht, geht und hinter ihm die Juden gehen, gehen, gehen. Und Moses führt sie durch die Wüste. – Es gab kein Wasser. Und Moses hat nur einmal mit dem Schwert geschlagen und schon ist ein Brunnen. Und Wölfe sind in der Wüste und Löwen. Große Hunde wie Kühe. Ein Hund – das ist nichts: Er beißt und rennt weg. Aber der Löwe – nun, nun – das muß man sehen. Der

Löwe in der Wüste ist hungrig und wild. Ein Zahn des Löwen ist wie alle Zähne eines Hundes zusammen – und er hat Krallen. Und das Kamel ist groß wie ein Haus – und hat zwei Höcker, wenn es wütend wird, schließt es die Höcker und würgt den Menschen.
Herschek wiederholt leise: »Der Löwe in der Wüste ist hungrig« – und er weiß jetzt. Was ein Löwe ist, sagte ihm Leib. Was Hunger ist, weiß Herschek allein.
Aber was ist eine Wüste?
– Du bist klein, – sagt Leib. – In der Wüste leben wilde Völker. Sie schlagen, töten, werfen Steine. – Die Juden waren in der Gefangenschaft. Der Pharao befahl zu schlagen. Aber Gott gab dem Moses ein Schwert.
– Was ist das, ein Schwert?
– Ein großes Messer. Ein großer, scharfer, eiserner Stock – aber du hörst überhaupt nicht zu, du fragst nur immer. –
Wohin hat Moses die Juden geführt? Warum ist er so weit gegangen?
– Das ist eine lange Geschichte. –
Pesach, ein wichtiges Fest, denn die Juden sind nach Palästina gekommen.
Herschek will fragen, was das ist, Gefangen-

schaft, aber er hat Angst, daß er stört, und Leib sagen wird: Schlaf.

– Palästina, – sagt Leib, – das muß man sehen. Dort sind die Bonbons und die Kuchen so wie Klumpen Kot. Und Äpfel liegen so viele hier, wie ein Bauer Kartoffeln für die reiche Sara bringt, ein ganzer Wagen. – Und in der Gosse fließt kein schmutziges Wasser, nur Milch. Honig gibt's, Feigen gibt's (was ist das?), am Sabbat hat jeder einen Fisch, Fleischbrühe mit Klößen. Und ein Federbett ist unnötig, weil es heiß ist. – Morgen erzähle ich dir weiter.

Leib schläft. Herschek zupft ihn am Arm, nur leicht, um ihn nicht aufzuwecken, nur für ein Wort – damit er nicht böse wird.

– Leibele.

– Nun, was willst du?

– Wie heißt das?

– Was? Was brauchst du?

– Wie nannte Adam das Haus?

– Was für ein Adam? Was für ein Haus?

– Dieses Haus, wohin Moses die Juden geführt hat?

– Das ist kein Haus. Du bist dumm. Das ist ein Land, – Palästina.

Herschek merkt, daß Leib nicht böse ist, zupft ihn wieder am Ärmel.
– Leibele, Leibele!
– No, was willst du?
– Kann ich noch ein Stückchen Brot haben?
– Jetzt nicht; man muß etwas für morgen lassen.
No ja. Hast recht. Man soll etwas für morgen lassen.

*

Malka ist schön. Kleine Malka hat lustige Augen. Malka gibt ein Stück weiße Semmel, dafür erlaubt ihr Herschek, durch eine grüne Scherbe zu gucken und ein Steinchen auf ein Steinchen zu schlagen weil Leib gab zwei Steinchen, und wenn man sie schlägt, springen die Funken. (Aber sie kann das nicht.)

Herschek erzählt ihr von Moses und von Löwen, und Malka erzählt von silbernen Leuchtern, einer Uhr und von bösen Geistern, welche böse Kinder mitnehmen.

Herschek ist Moses, er steigt auf den Müllhaufen zu den Gesetzestafeln.

Malka ist das jüdische Volk, sie steht unten am Müllhaufen und will Gott nicht hören. – Herschek schlägt sie mit dem Schwert, Malka weint und rennt zur Mutter, und Mutter flucht und Herschek läuft weg auf seine dritte Stufe.

Abends wird Malkas Mutter zu Leib sagen:

– Dein Herschek ist ein Bandit, wie du. Warum geht er nicht in den Cheder? Er ist doch groß. Es ist doch Zeit.

Herschek sitzt auf der dritten Stufe, fünf Stufen sind es: Die erste ist unten, die fünfte ist oben.

Auf der fünften sitzt man schlecht. Wenn einer den Eimer mit dem Spülwasser nach oben tragen muß, stört die Tür, und der Eimer schwappt über und es wird naß. – In der vierten Stufe ist ein Loch, aus dem Loch ist eine Spinne auf langen Beinen herausgestelzt. Herschek hat Angst vor der Spinne. Vielleicht ist das der böse Geist, von welchem Malka sprach? – In der zweiten Stufe ist ein wackliger Nagel, aber man kann ihn nicht herausziehen. Herschek spuckte auf die Finger und wusch den Nagel und danach war er wie neu, glänzte eisern. Herschek möchte ihn gern haben, und probiert, den Nagel herauszuziehen, aber er verletzt sich am Finger. Jetzt will er ihn nicht mehr. –

Die unterste Stufe ist naß und schmutzig. – Auf der dritten kann man am besten hinauf zum Flur und zum Boden und runter zum Hof. – Und der Mensch muß oft wegrennen, wenn er schwach ist und keine Mutter hat, die ihn beschützt. – Ja, ja.

Auf der dritten Stufe sind die Ameisen. Das ist eine lange Geschichte.

✻

Herschek sitzt auf dem Treppchen, guckt auf die Katze, auf die Spatzen und Hühner. Er guckt in Nachbars Garten hinter dem Zaun. – Dort ist das Paradies.

– Herschek war nie dort. Leib war dort, aber nachher hat er geweint: So hart hat man ihn geschlagen, daß sogar Leib geweint hat. Einmal hat er durch ein Loch zwei Himbeeren abgerupft: Eine hat er der Malka gegeben, eine hat er selbst gegessen. – Dort wachsen Sauerkirschen und Birnen, aber Leib holt jetzt nichts mehr und sagt nicht: »Da hast du, aber sag's keinem.«

Herschek sitzt und wartet auf die Himbeeren, bis sie wieder wachsen, er wartet, daß der Vater am Sabbat zurückkommt, er wartet auf Leib. – Er sitzt und hält einen Stock, der ist sein Schwert – und er will nach Palästina, wo nicht Wasser fließt, sondern Milch, Manna und Honig (Was ist das?), wo es Fleischbrühe gibt, Fische, Wärme. – Das muß man sehen, – Ho, ho! Er guckt auf die Schwalben, die unter dem Dach ein Nest gebaut und jetzt Junge haben und ihnen die Nahrung bringen. Und er guckt auf die Ameisen. – Herschek ist nicht hungrig, nur brennen und jucken ihn die erfrorenen Hände. Und es tut ihm weh, wenn er hustet. Keiner hat ihn geschlagen, aber es tut weh. Und er will wieder trinken.

In der Nacht wird Leib böse:

– Warum trinkst du so viel? Du machst dann wieder in die Hosen, und ich will nicht immer waschen. – Warum ißt du nicht? Vielleicht willst du ein Sabbat-Brot, weil dir das andere Brot nicht schmeckt. – Warum wälzt du dich und hustest, daß ich nicht schlafen kann?

Und heute früh war ihm sehr heiß. Augen und Kopf tun weh. – Herschek sucht heute nicht, was man nachts auf den Müllhaufen geschmissen hat. – Es zanken sich drei Spatzen. Herschek reagiert nicht. – Malka sagt: »Komm, unsere Erbsen wachsen schon bei der Hütte«, aber er antwortet nicht.

Und hier sieht er, daß er nicht einen Stock, sondern das Schwert hält: ein großes, scharfes eisernes Schwert. Er steht auf, geht von der dritten Stufe runter, geht über den Hof zum Tor, geht zum Tor, geht auf die Straße. Allein geht er auf den Markt und weiter und weiter. Geht, geht, geht. Er hat ein Schwert. Er geht den langen Weg nach Palästina.

Er geht lange – sehr, sehr lange. Weit geht er, sehr weit. –
Schon ist er außerhalb der Stadt, schon ist er in der Wüste. Er geht allein. Er sieht unbekannte Länder. Er sieht einen Fluß, eine Brücke, ein Boot. – Und dort den Wald, kleine Häuser, kleine Kühe, kleine Pferde. Aber Leib hat nicht gesagt, daß in Palästina alles so klein ist. Er geht weiter, er kann schon nicht mehr. Gleich fällt er um. – Mit dem Schwert hat er in die Erde geschlagen, setzt sich. Gleich wird Wasser sprudeln. Und nichts. – Und später zu Hause, die reiche Sara gibt ihm Milch, so gute weiße und süße. Und Ester sagt: »Er hat die Masern, er wird gesund.«
Und er ward gesund. Und der Vater schickte ihn in den Cheder; sie haben ihn aber rausgeschmissen, als er zum Rebbe sagte: »Du lügst.« – Das ist eine lange Geschichte.

*

Auf jiddisch sagt man »Kim«. Ein polnischer Junge sagt anders: »Komm.« Und Gott spricht hebräisch; und wer mit Gott sprechen will, muß im Cheder lernen.

– Das weiß Herschek. – Aber er versteht nicht, was das ist. – Alef, Beth, Gimel – auf weißem Papier, und wozu Gott den Juden das Buch gab, auf welches man immer schauen muß.

Nicht gut war es im Cheder; es war sehr schlimm. – Der Rebbe schlägt. Reiche Kinder schlägt er leicht, die armen heftig und oft. – Hier kann man nicht abhauen auf den Dachboden, zu einer Hundehütte auf dem Hof. – Der Rebbe streichelt ein reiches Kind, auf Herschek hat er nur Zorn. – Der Rebbe erlaubt keine Fragen bei den Reichen, auch nicht bei den Armen. – Herschek versteht nicht, was das ist, lesen, wozu in ein Buch sehen, wenn er sagt:

»Im Anfang schuf Gott Himmel und Erde, und Gott nannte den trockenen Platz Erde und sammelte Wasser und nannte es Meer ... Dann schuf er den Menschen ... Und Gott sah, was er getan, und es war gut ...«

Herschek weiß, erinnert sich und sagt, aber er

irrt sich, weil Leib es anders erzählte. – Und was für große, schwarze Ameisen auf dem Papier, nicht bewegen sich die schwarzen Zeichen, und jedes heißt anders?
Der Rebbe schreit: »Schau mal hier, guck' mal in das Buch!«
Der Rebbe schlägt und sagt: »Du kannst, aber du willst nicht; Blutegel auf deinen dummen Kopf. Geh auf den Markt klauen wie dein Leib!« Der Rebbe sagt: »Wenn der Vater nicht bezahlt, dann hau ab, hier ist genug Schmutz und Gestank.« – Der Rebbe schlägt, aber das hilft nicht. Er sagt: »Geh zu einem Verrückten, er lehrt dich lesen.« – Herschek kennt einen und hat Angst vor einem Verrückten. Der Rebbe sagt ihm: »Geh zu einem Verrückten.« Er will ihn erniedrigen, daß die Jungen ihn ärgern. Aber Herschek glaubt: Ein Verrückter wird ihn lehren. – Und Leib sagt: »Ich bin ein Ungehobelter, du sollst lernen.« Das Lesen muß eine wichtige Sache sein, wenn Leib das sagt, der weiß, kennt und kann.
Und Vater hat wieder nicht bezahlt, und Herschek sagte ein fürchterliches Wort und wurde handgemein mit den Kameraden, und der Rebbe hat ihm eins ins Gesicht gegeben, auf die

rechte und auf die linke Backe, und hat ihn für immer aus dem Cheder geschmissen.
Herschek hat wieder viel Zeit, sitzt auf der dritten Stufe. Da kommt ein hinkender Verrückter auf den Hof. Herschek stand vor ihm und sagte: »Ich will lesen lernen.« – Er hat es leise gesagt. Aber der Verrückte hat es gehört, weil er früher ein Lehrer war – vor dem großen Brand hinkte er nicht, noch war ihm das Dach nicht auf den Kopf gefallen, als er ein Kind rettete.
Herschek hat gesagt: »Ich will lesen.« Und der Verrückte guckt ihn an und sagt:
– Ja, ja, ja. Gut. Ja, ja, ja. Gut. Wissenschaft – das Brot.

*

Herschek sitzt auf der Stufe, er hält ein Buch, bei ihm sitzt der Verrückte und erzählt was. – Die fromme Chana dreht den Kopf und sagt: »Gut, daß die Mutter es nicht erlebt hat, was für ein Lehrer ihr Sohn hat.« –
Die reiche Sara sagt: »Wenn er groß ist, wird er ein Dieb sein.« – Die kluge Ester sagt: »Herschek ist schon einmal weggelaufen, er lag auf dem Feld, auf dem Weg; jetzt macht der aus ihm einen Verrückten.« – Vielleicht ja, vielleicht nein, sagt der graue Abram, denkt an Krieg und die Pest.
Und der neue Rebbe erklärt: – Ja, ja, ja. Die Ameisen leben, und die Buchstaben leben. Man kann Ameisen lesen, man kann Menschen lesen, man kann Gott lesen. Ja, ja, ja. Gott soll man suchen. Ja, ja, ja. Weit weg ist der gute Gott. Ja, ja. Du hast nichts Schlimmes gesagt, Gott hat nicht geboten, arme Kinder zu schlagen. Ja, ja. Du sagst die Wahrheit. Ja. Viele Menschen lügen. – Ich gehe schon. Ich hab keine Zeit. Der Verrückte streichelt Herschek, als ob er für die Lehre Geld bekommt, als ob der Vater ihn am Sabbat mit Fisch und Schnaps beschenkt.

Er sagt:
– Er ist in die Welt gegangen, er lebte in der Wüste, wo Löwen und wilde Völker waren. Er vergaß zu beten. Ja, ja, ja. – Will sagen: Höre Israel. – Ja, ja, – er hat's vergessen. Er will das Dankgebet, er hat's vergessen. – Er will ein Kaddisch, – verstehst du? – Kaddisch, – und auch das hat er vergessen.
– Und was? Was hat er gemacht? – fragt Herschek, weil der Rebbe erlaubt zu fragen.
– Was hat er gemacht? – Ja, ja, ja. Du weißt es nicht? – Er sagte nur Buchstaben. Nur: Alef, Beth, Gimel, Daleth. – Ja, ja – Daleth, He, Waw, Zajn bis ans Ende.
– Und was?
– Ja, ja. – Er schaut, und die Buchstaben ordnen sich in der Luft zusammen zu Wörtern und Wörtern. – Ja, ja, – fügen sich zu Gebet und Gebeten, – ja, ja, – sie segeln zum Himmel und, – ja, ja, ja, – suchen und finden Gottes Thron.
– Was ist das, Thron?
– Ich hab keine Zeit. Ich muß gehen. – Nimm das Brot; du hast Brot, sie geben ein anderes. Ja, ja. Er geht, läuft fort, er hinkt.
Er sagt zu sich und den Leuten immer nur: »Ich

bin hungrig« – die Kerle greifen ihn an, er hat einen dicken Stock, er verteidigt sich nicht. Herschek hat vor ihnen jetzt keine Angst.

Er sagt:

– Als Krieg war, und Titus den Tempel verbrannte ... Ja, ja. – Es war eine Feuersbrunst. Frag mal Abram. Er weiß es. Ja, ja, ja. – Es brannten die Bücher Gottes. Ja, ja. Aber nein. – Es brannte nur das Papier, – ja, ja, – die Buchstaben flogen zum Himmel und leben. Ja. Die Buchstaben leben ewig, der heiligen Tora.

– Schau, – ja, ja, – schau: Alef, wieder Alef, und hier und hier und hier. Die guten Buchstaben vermehren sich.

– Gut? – Herschek staunt.

Ja, ja. Gut. – Ja. –

Und Gott war in Zorn geraten über die Juden. Er will sie töten. Gott nimmt Papier und Feder und will das Urteil schreiben (Was ist ein Urteil?). Ja, ja. – Er will schreiben, daß er die Juden tötet.

– Alle?

– Ja, ja. Alle erschlagen, vernichten, aushungern. Ja, ja, ja. Niemanden am Leben lassen. – Ja, ja. – Aber die Buchstaben erlaubten es nicht. Gott kann das nicht machen, weil die

Buchstaben geflohen sind, sich versteckt haben. Ja, ja. Sie haben nicht erlaubt, etwas Böses zu machen ... Und ich hab keine Zeit jetzt. Abends bin ich wieder hier. – Ja, ja. – Und du lies und suche die Buchstaben, die ich dir gezeigt habe!

– Schön wachsen deine Erbsen hinter der Hütte. Aus den gelben Erbsenkügelchen wächst grünes Gras. Und du wächst. Die Buchstaben, das sind kleine Samen der Wissenschaft; aus kleinen Sämchen wachsen Bäume und Wälder. – Ja, ja, ja. Ich habe keine Zeit. – Und die Ameise stirbt, und die Mutter, und die Maus. Ja, ja, ja. Die Buchstaben leben ewig. Ja, ja. Töte die Ameisen nicht. – Die Buchstaben leben ewig, sie sterben nicht. – Ich muß jetzt gehen. – Ja, ja, ja.

*

Herschek sitzt auf der dritten Stufe und liest. Er schaut ein bißchen in das Buch, später zu den Schwalben und Ameisen. Die Schwalben fliegen, sie kommen eiligst, unter dem Dach haben sie ihr Haus, lange haben sie daran gebaut. Es war interessant, zuzuschauen. Sie leben. Schnell geben sie den Jungen Nahrung.
Herschek versteht jetzt schon. Wenn man mit dem Finger die Ameise, die Wanze, die Fliege zerdrückt, dann rührt sie sich nicht mehr, weil sie nicht mehr lebt. Die Fliege flieht anders, die Ameise kann man leicht mit dem Finger verfolgen. Er dachte, daß die Ameise unter dem Finger verschwindet, daß sie nicht mehr da ist, daß nur der Finger etwas feucht wird. – Aber er sieht, daß die Ameise auch Kopf und Füße hat. Am Finger geklebt, rührt sie sich nur anders: Sie will, aber kann nicht fliehen, – wie eine angebundene Henne.
Einmal träumte er, daß ihn die Jungen jagen und ihn auch ein Herr mit Peitsche jagt; er will, aber er kann nicht entfliehen. Das war ein schrecklicher Traum.
Auf der zweiten Stufe wackelt der Nagel, er lebt aber nicht. Und hier die Ameise auf dem

Finger, nur langsam bewegt sie sich mit dem Kopf und den Füßen. Es tut weh, sie stirbt. – Jetzt beobachtet er die Ameisen, die hin und her irren, aber er verfolgt sie nicht, er schreckt sie nicht, weil Gott sagte: »Du sollst nicht töten!« Und der Rebbe-Verrückte sagt:

Ja, ja, ja. Der Mensch wird keine Angst vor einem anderen Menschen haben, und alle Vögel werden aus der Hand aller Menschen fressen. Ja, ja, ja. Freie Vögel werden Krümelchen aus der Hand freier Menschen fressen. – Ja, ja ...

*

Das war damals. Nicht so lange. Hundert Jahre. Etwas mehr. Man hat die jungen Burschen zu den Soldaten geholt. Sie kamen in der Nacht auf den Boden und haben den Leib mitgenommen. Und der Mond schien durch das Loch im Dach. – Leib hat getreten, gerauft, geschlagen, geschrien und Hilfe gerufen. Und Herschek weinte, und es gab keine Hilfe. – Sie haben Leib festgenommen und herausgeführt. Herschek blieb allein.

Die reiche Sara erlaubt der Malka nicht, mit Herschek zu spielen; aber der alte Abram redet jetzt oft mit Herschek.

Leib sagte: »Das soll man sehen, das ist eine lange Geschichte. Der Verrückte wiederholt sein »Ja, ja, ja«. Der alte Abram erzählt viel von dem, was war, was weit, – und sagt wieder: »Das ist eine lange Geschichte, – und – noch ist nicht die Zeit.«

Der Verrückte und Leib hatten es immer eilig, und der graue Abram hat Zeit und eilt überhaupt nicht.

Herschek kann jetzt lesen und beten. Der Rebbe aus dem Cheder hatte recht. »Du kannst, aber du willst nicht.« –

Jetzt will ich.

– Das Wollen ist eine wichtige Sache, – sagt Abram. – Einer kann und will nicht, so einer findet weder Gott noch die Menschen, noch sich selbst (was bedeutet das?). – Der andere will, aber kann noch nicht. Der wird es lernen und finden.

Herschek will ein Moses sein, er findet ein starkes Gebet, welches den Juden Manna und Engel gibt. – Und wieder geht er den Weg, aber nicht mehr allein.

Damals war er klein, also ist es ihm nicht gelungen.

– Hinter mir werden die Juden gehen – Kinder, Frauen, Alte und Junge. Ich nehme die Armen mit und die Traurigen, die, die keine Angst vor der Wüste haben, weder vor Löwen, Schakalen, wilden Völkern, Skorpionen. Voran er, Herschek – der Prophet.

– Ich kenne den Weg und die Wege, erkenne die Völker und die Städte. Ich führe in das Haus des Brotes, des Honigs und der Weintrauben. Abram nickt mit dem grauen Kopf und sagt:

– Vielleicht nein, vielleicht ja. Ein Junge hat ein langes Leben vor sich.

Der alte Abram sagt: – Unsere Stadt ist klein, unsere Häuser sind niedrig, – und es gibt hier keine großen Gelehrten. Und du, Herschek, hast einen guten Kopf. Wer weiß: Du kannst ein Stern in Israel sein. Die riesigen Städte sind weit, dort leben die Gelehrten. Einer untersucht alte Bücher, ein anderer heilt Kranke und Alte, ein dritter baut hohe gemauerte Häuser. In so einem gemauerten Haus ist jetzt dein Leib. Aber suche ihn nicht, weil der Vater nur dich allein hat, und du findest Leib auch nicht.

Abram sagt:

– Palästina ist weit. Und noch ist nicht die Zeit gekommen. –

Es ist nicht gut, wenn ein kleiner Junge sich allein auf den Weg zur Stadt aufmacht. Es kommen Hunde, die dich beißen, Pferde können dich umrennen, Leute dich schlagen. Wenn du älter bist, nimmt der Vater dich mit.

Aber Herschek ist ungeduldig und will nicht warten. – Der Winter war lang, lange schwarze Abende und Nächte. – Das soll man sehen: Chanukka ohne eine Kerze, Purim ohne ein Mohnkorn, Pesach ohne Matze.

Und als die Sonne sagte, daß Frühling ist und

im Schmutz trockene Stellen zu sehen waren, machte sich Herschek wieder allein auf den Weg. Er war lange nicht da. Das ist eine lange Geschichte, was er gesehen hat, wen er getroffen hat, was er für Abenteuer hatte. – Aber noch ist nicht die Zeit. – Ja, ja, ja. Er kam zurück: Noch ist nicht die Zeit. Er kam zurück zum Abram, zum Verrückten, zum Vater am Sabbat. Diesmal erkrankte er nicht an den Masern, aber er war sehr müde und schwach.

Und später, ja, ja, ja, – zum dritten Mal machte sich Herschek auf in die weite Welt. – Da gab es nicht den Vater, den Abram, den Verrückten, der ihm das Lesen beigebracht hat.

Später hat man Verschiedenes erzählt: Man erzählte, eine Zigeunerin habe ihm eine goldene Münze auf dem Weg gegeben, ein Ungar einen Dukaten, ein kaiserlicher Oberst habe Schach mit ihm gespielt und verloren, und er habe einen Brief an einen reichen Herrn geschrieben.

Herschek lernte in verschiedenen Schulen, sah viele große Städte, wohnte in hohen Häusern. Eretz Israel erreichte er nicht. Ja, ja, ja.

Schon groß, kein kleiner Junge mehr, versteht er, daß die richtige Zeit noch nicht gekommen ist.
Das war vor langem, so lange auch nicht. Ja, ja…

*

Und jetzt bekam ich einen Brief aus Palästina, aber nicht von Herschek. Herschek lebt schon lange nicht mehr. Ich bekam einen langen Brief von einem anderen jungen Burschen.

– Er schreibt:
»Ich arbeite in einer Plantage, lange stille Stunden. Ich lese wenig, ich spreche wenig. Ich bin jetzt anders. Ich fange an, das Dorf zu verstehen. Meine Kameraden – das sind die Vögel. Sehr mutig sind sie, sie haben überhaupt keine Angst. Jetzt ist Brutzeit. Also besuche ich früh die geflügelten Eltern, um ihnen »*Maseltow*« zu sagen. Jetzt sehe ich Dinge, über die ich früher in den Büchern las. Wenn ich die Bäume in der Plantage gieße, sehe ich, wie die erschreckten Ameisen versuchen, ihre Eier zu retten – die nächste Generation ... Die weiße Katze spielt mit ihren Kätzchen, dreht sie, lockt sie, beschnüffelt sie und schiebt mit den Pfoten die weg, die sich an ihre Brust drängen ... Über den Weg huscht eine schöne Eidechse; ich pfeife, sie hebt den Kopf und horcht ... Im Tal hinter der Plantage goldet das Getreide ... Interessant und schön ist das Leben auf dem Dorf. Ich lerne

schweigen. Ich habe viel hier gelernt: Ich lese die Welt und das Leben.«
Ja, ja. Ein Brief. – Den soll man sehen. – Ich habe mich an seine Schwester, an seinen Bruder und ihn erinnert, bevor er wegfuhr.
Dann erinnerte ich mich an die Geschichte von Herschek, an sein Treppchen, an die Ameisen, an seine drei Expeditionen nach Eretz Israel.
Diese Geschichte, vor langer Zeit erzählt, von einem Menschen, der nicht mehr lebt, über Menschen, die schon 100 Jahre nicht mehr leben. Ich habe sie kurz wiederholt, so wie ich kann. –
Großvater, Vater, Enkel, Urenkel, vier Generationen, –
das ist eine lange Geschichte.
Ja, ja, ja.

Begriffserklärung

Alef, Beth, Gimmel	Anfang des hebräischen »Alphabeths«
Chanukka	Lichterfest
Cheder	Stube, Grundschule
Eretz Israel	hebräischer Name für Palästina
Kaddisch	Gebet zur Bestattung
Masel Tow	Glückwunsch
Matze	»Mazza« (pl. Mazzoth) das ungesäuerte Brot oder der Osterkuchen der Juden, zumeist lediglich aus Mehl und Wasser bestehend, bisweilen auch mit dem Zusatz von Eiern
Pesach	»vorüberschreitend«. Fest der ungesäuerten Brote
Purim	Freudenfest (siehe Buch Esther)

Sabbat	Der siebte Tag der Woche als strenger Ruhetag. Die jüdische Sabbatfeier beginnt am Freitagabend 45 Minuten vor Sonnenuntergang.
Tora	»Lehre«, »Unterweisung«

Janusz Korczak

Janusz Korczak, geboren 1878, studierte Medizin und war als Kinderarzt und pädagogischer Schriftsteller tätig. Als Leiter des Warschauer Waisenhauses für jüdische Kinder zog er mit ihnen 1940 ins Warschauer Getto. 1942 zusammen mit den Kindern im Konzentrationslager Treblinka umgekommen, 1972 posthum mit dem Friedenspreis des Deutschen Buchhandels ausgezeichnet.

Allein mit Gott
Gebete eines Menschen, der nicht betet. Aus dem Polnischen übersetzt von Wolfgang Grycz. Mit einem Nachwort von Erich Dauzenroth und Adolf Hampel. 3. Auflage. 88 Seiten. (GTB 1004)

Verteidigt die Kinder
Mit einem Vorwort von Erich Dauzenroth und Adolf Hampel. Aus dem Polnischen übersetzt von Wolfgang Grycz und Ilse Renate Wompel. 3. Auflage. 143 Seiten. (GTB 1020)

Erich Dauzenroth
Ein Leben für Kinder
Janusz Korczak. Leben und Werk. 96 Seiten mit 16 Abbildungen. (GTB 1042)

Die Kinder der Bibel
Aus dem Hebräischen übersetzt von Shoshana Sachs. Mit einem Nachwort von Erich Dauzenroth und Adolf Hampel. 2. Auflage. 78 Seiten. (GTB 1044)

Von Kindern und anderen Vorbildern
Mit einem Geleitwort von Peter Härtling und einer Einleitung von Erich Dauzenroth und Adolf Hampel. Aus dem Polnischen übersetzt von Barbara Bayer-Faber und Ilse Renate Wompel. 140 Seiten. (GTB 1084)

87-23

Gütersloher Verlagshaus Gerd Mohn